EL MAMUT LANUDO

por Harold T. Rober

EDICIONES LERNER ◆ MINNEAPOLIS

Nota para los educadores:

En todo este libro, usted encontrará preguntas de reflexión crítica. Estas pueden usarse para involucrar a los jóvenes lectores a pensar de forma crítica sobre un tema y a usar el texto y las fotos para ello.

ediciones Lerner
Una división de Lerner Publishing Group, Inc.
241 First Avenue North
Mineápolis, MN 55401, EE. UU.

Si desea averiguar acerca de niveles de lectura y para obtener más información, favor consultar este título en www.lernerbooks.com

Library of Congress Cataloging-in-Publication Data

Names: Rober, Harold T.
Title: El mamut lanudo / por Harold T. Rober.
Other titles: Woolly mammoth. Spanish
Description: Minneapolis : Ediciones Lerner, [2018] | Series: Bumba books en español. Dinosaurios y bestias prehistâoricas |
  In Spanish. | Audience: Age 4–7. | Audience: K to grade 3. | Includes bibliographical references and index.
Identifiers: LCCN 2016049149 (print) | LCCN 2016049860 (ebook) | ISBN 9781512441185 (lb : alk. paper) | ISBN
  9781512453744 (pb : alk. paper) | ISBN 9781512449662 (eb pdf)
Subjects: LCSH: Woolly mammoth—Juvenile literature.
Classification: LCC QE882.P8 R6318 2018 (print) | LCC QE882.P8 (ebook) | DDC 569/.67—dc23

LC record available at https://lccn.loc.gov/2016049149

Fabricado en los Estados Unidos de América
1 — CG — 7/15/17

Tabla de contenido

Pelaje largo lanudo

El mamut lanudo fue un mamífero.

Vivió hace miles de años.

Está extinto.

El mamut lanudo era grande.

Tenía el tamaño de un elefante.

El cuerpo del mamut lanudo era

tan grande como un elefante.

Pero sus orejas eran más pequeñas.

Su cola también era más pequeña.

Los mamuts lanudos vivían
en lugares fríos.

Sus cuerpos estaban cubiertos
de pelaje.

El pelaje les ayudaba a
mantenerse calientitos.

¿Piensas que el mamut lanudo usaba sus colmillos para algo más?

El mamut lanudo tenía dos grandes colmillos. A veces usaba estos colmillos para defenderse. También los usaba para escarbar en busca de su comida.

13

El mamut lanudo tenía

una trompa larga.

Podía recoger cosas con su trompa.

El mamut lanudo comía casi

todo el día.

Comía plantas.

No comía carne.

¿Por qué piensas que el mamut lanudo comía todo el día?

Los antiguos habitantes

cazaban al mamut lanudo.

Comían su carne.

19

Los mamuts lanudos vivían en grupos grandes. Esto les ayudaba a mantenerse a salvo.

¿Por qué piensas que vivir en grupos los ayudaba a mantenerse a salvo?

Partes de un mamut lanudo

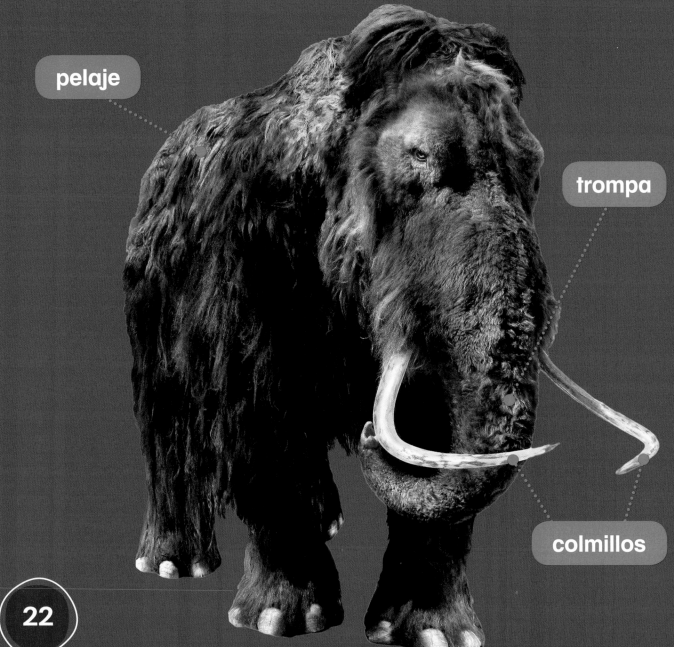

pelaje

trompa

colmillos

Glosario de las fotografías

colmillos

dientes largos que sobresalen de la boca

extinto

que ya no vive

mamífero

un animal con pelaje y de sangre caliente

trompa

una nariz larga

23

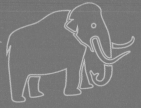

Leer más

Gilbert, Sara. *Mammoths*. Mankato, MN: Creative Education, 2017.

Rober, Harold T. *Saber-Toothed Cat*. Minneapolis: Lerner Publications, 2017.

Zoehfeld, Kathleen Weidner. *Prehistoric Mammals*. Washington, DC: National Geographic Society, 2015.

Índice

Crédito fotográfico

Las fotografías en este libro se han usado con la autorización de: © Nicolas Primola/Shutterstock.com, pp. 5, 23 (esquina superior derecha); © aleks1949/iStock.com, pp. 6–7, 22; © Dorling Kindersley/Thinkstock, pp. 8, 23 (esquina inferior izquierda); © AuntSpray/Shutterstock.com, p. 11; © Rich Koele/Shutterstock.com, pp. 12–13, 23 (esquina superior izquierda); © CSA-Images/iStock.com, pp. 15, 23 (esquina inferior derecha); © Aleks1949/Shutterstock.com, p. 17; © OrdinaryJoe/Shutterstock.com, pp. 18–19; © Catmando/Shutterstock.com, pp. 20–21.

Portada: © AuntSpray/Shutterstock.com.